# RÉPUBLIQUE FRANÇAISE

## MINISTÈRE DE L'AGRICULTURE

DIRECTION DE L'AGRICULTURE — CULTURE MÉCANIQUE — 2ᵉ BUREAU

# ACTES OFFICIELS ET DOCUMENTS

POUVANT SERVIR À L'ORGANISATION

# DES SYNDICATS DE CULTURE MÉCANIQUE

SUBVENTIONNÉS PAR L'ÉTAT

## PARIS

IMPRIMERIE NATIONALE

1916

# INSTRUCTIONS RELATIVES

## À LA FORMATION

# DES SYNDICATS DE CULTURE MÉCANIQUE

## SUBVENTIONNÉS PAR L'ÉTAT.



---

## SOMMAIRE.

1° CONSTITUTION DU SYNDICAT.
2° FORMALITÉS À REMPLIR.
3° CHOIX DE L'APPAREIL.
4° ÉTABLISSEMENT DU DOSSIER.

---

## I. — Constitution du Syndicat.

Les Syndicats de culture mécanique sont constitués en vertu de l'arrêté du 7 septembre 1915 (pièce n° 1). Pour fonder une association de ce genre, il suffit de sept personnes exerçant la profession d'agriculteur (propriétaires, exploitants, fermiers, métayers, ouvriers agricoles). Ces sept personnes peuvent déjà appartenir à un syndicat agricole existant et dans ce cas il n'est pas nécessaire qu'elles forment entre elles un nouveau groupement, celui dont elles font partie ayant une existence légale. Elles se réunissent alors en une *section de culture mécanique* patronnée par le Syndicat initial qui leur sert de garantie. Leurs accords spéciaux sont soumis aux règles de droit commun.

Mais dans la plupart des cas, lorsqu'il s'agit d'associations locales, il est préférable de fonder un Syndicat, ce qui est d'ailleurs une chose très simple.

***

Les adhérents du futur Syndicat se réunissent à jour donné au siège présumé de la nouvelle association. Bien entendu avant cette réunion, les promoteurs se seront assurés d'un certain nombre d'adhésions (1). Ils auront exposé le but de l'association projetée et examiné les moyens de réalisation. Il y a là tout un travail préparatoire d'organisation qu'aucune instruction ne peut préciser car il varie à l'infini, d'après les conditions locales, la situation financière des futurs adhérents, les méthodes habituelles d'exploitation, etc. Ce qu'il faut cependant indiquer comme étant de nature à faciliter la diffusion des Syndicats, c'est que les promoteurs doivent être convaincus de la nécessité d'imposer en quelque sorte aux agriculteurs l'évolution dont il s'agit en faisant comprendre à ces derniers par des exemples bien choisis, l'intérêt évident qu'elle présente pour eux.

En un mot, il paraît opportun de rappeler à ceux qui se proposent d'organiser dans nos campagnes cette nouvelle forme du travail agricole, la nécessité absolue de bien connaître la question et de savoir ce qu'ils veulent.

Cette condition supposée remplie, la réunion des adhérents s'ouvre par la désignation d'un président et de deux assesseurs qui formeront le bureau. Un secrétaire pourra leur être adjoint. Dans cette assemblée générale constitutive les statuts sont examinés, les modifications reconnues nécessaires leur sont apportées et le bureau provisoire du futur Syndicat est constitué.

Un procès-verbal établi dans la forme ci-après (2) est alors établi.

Après cette assemblée le Bureau provisoire précédement nommé se

---

(1) Voir la formule du bulletin d'adhésion p. 36.
(2) Voir page 37.

réunit à nouveau pour l'approbation du règlement intérieur et la fixation des voies et moyens à adopter pour que le Syndicat puisse commencer ses opérations ainsi que pour l'élection du bureau définitif. Un procès-verbal spécial relate toutes ces opérations (1).

*<sup>*</sup>*

**Remarque importante. — Le modèle de statuts, le projet de règlement intérieur et les autres pièces contenues dans la présente brochure peuvent être utilisés pour la constitution du dossier du Syndicat. Si des modifications de peu d'importance leur sont apportées, il suffira de les mentionner sur les imprimés eux-mêmes. Si de nouvelles dispositions sont prises, le secrétaire du Syndicat pourra également les indiquer à la suite ou en contexte avec des renvois appropriés approuvés par le paraphe des membres du bureau.**

**Ainsi établis, un double de ces documents pourra servir à la constitution du dossier à transmettre au Préfet en vue de l'attribution d'une subvention de l'État.**

## II. — Dépôt des statuts à la mairie.

Aussitôt approuvés par l'assemblée générale et signés « Pour copie conforme » par les membres du bureau, les statuts seront déposés en double exemplaire à la mairie de la localité où le Syndicat a son siège. (*Voir art. 2 des statuts.*) Auxdits statuts sera jointe une liste des personnes qui, à un titre quelconque seront chargées de l'administration ou de la direction (président, vice-présidents, secrétaire, trésorier, membres du bureau et, s'il y a lieu, directeur technique). En l'espèce cette liste sera le procès-verbal de la première réunion du conseil (*art. 4 loi du 21 mars 1884*).

---

(1) Voir p. 39.

De ces pièces le maire accusera réception au président du Syndicat dans les formes habituelles (1).

Le Syndicat est à partir de ce moment légalement constitué.

### III. — Choix de l'appareil.

Le choix d'un appareil de culture mécanique est assurément une opération délicate. Il existe cependant à l'heure actuelle un certain nombre de principes dont il ne faut pas s'écarter sans raison grave.

Nous allons les énumérer tels qu'ils se dégagent des expériences faites par l'Administration de l'Agriculture au cours de ces deux dernières années.

1° Il faut que l'appareil choisi soit capable d'effectuer la quantité de travail exigée par le mode de culture des syndiqués. Cette quantité de travail doit faire l'objet d'une évaluation préalable surtout en ce qui concerne les labours d'automne qui sont les travaux les plus importants et les plus pénibles ;

2° Les syndiqués devront s'organiser pour que l'appareil collectif fournisse le plus grand nombre possible de journées de travail au cours d'une même période et que sa puissance soit utilisée aussi près que possible de sa valeur limite ;

3° Il y a une grande différence dans le rendement suivant que l'appareil travaille sur des rayages courts ou sur des rayages longs, dans de petites pièces ou sur de grandes surfaces; il serait bon notamment de ne réserver à la culture mécanique que des rayages d'au moins 150 mètres de longueur sans les fourrières. Les syndiqués ne devront donc négliger aucune occasion de faire des échanges de parcelles et de même, si cela est possible, de procéder à des remembrements ;

---

(1) Voir en annexe page 40, la formule de cet accusé de réception : l'exemplaire des statuts destinés au dossier de demande de subvention sera visé pour légalisation par le maire de la localité.

4° L'on doit, en général, rechercher un tracteur dont tous les organes soient facilement accessibles et la construction robuste.

D'autres considérations doivent également entrer en ligne de compte, mais elles sont plutôt d'ordre mécanique et varient avec chaque région et avec le type d'appareil considéré. C'est par l'examen approfondi des résultats actuellement connus et surtout par l'étude sur place des appareils en travail que les intéressés pourront se faire une opinion sur les différents modèles qui leur sont présentés.

## IV. — Établissement du dossier.

Lorsqu'un syndicat, fondé ainsi qu'il vient d'être dit, demande une subvention, il doit constituer un dossier composé des pièces énumérées à l'article 2 de l'arrêté du 7 septembre (voir page 12) :

1° La première pièce n'est autre chose que la spécification remise par le constructeur ou le vendeur de l'appareil choisi (catalogues, photographies, renseignements divers tels qu'ils ont été établis pour l'usage commercial auquel ils sont destinés).

2° La deuxième pièce, qui vise le mode de libération consenti par le fournisseur, d'accord avec le syndicat, est la facture constatant l'achat du tracteur et sa livraison.

Ladite facture délivrée *au Syndicat* représenté par son Président ou son trésorier, suivant les dispositions des statuts, indiquera, s'il y a lieu, les dates des échéances convenues entre les parties.

**Aucune demande de subvention ne pourra être examinée qu'autant que le tracteur sera acheté ferme et réellement livré au siège du syndicat.**

3° La troisième pièce, que l'arrêté désigne de la façon suivante « Règlement relatif aux conditions d'emploi de l'appareil » est incluse dans le document ci-après intitulé « Projet de règlement intérieur » dont elle forme le titre IV.

Il semble donc inutile dans la plupart des cas de l'établir séparément : le présent document remis en nombre suffisant aux syndicats et dûment rempli servira à la constitution des dossiers.

D'un autre côté, les dispositions d'ordre intérieur proposées aux syndicats n'ont aucun caractère obligatoire et peuvent être modifiées de la façon la plus large.

Le règlement type qui figure plus loin n'a pas la prétention d'être applicable à tous les cas, il n'a d'autre but que de fournir aux syndicats un ensemble de dispositions qui, d'après les résultats obtenus et les expériences faites dans certaines régions, semblent plus recommandables que d'autres.

4° La quatrième pièce est une note indiquant le nombre des adhérents, les ressources dont l'association dispose et la répartition entre les syndiqués des dépenses et charges communes.

Il suffira de répondre aux questions posées dans l'annexe, page 4, et d'authentifier ces réponses en y apposant la signature des membres du bureau.

5° La cinquième pièce est un rapport qui peut être rédigé soit par le directeur des services agricoles du département, soit par le président du syndicat, soit par toute autre personne ayant la compétence voulue.

Il importe que l'on comprenne bien l'importance de ce rapport au point de vue technique, car il permettra à l'Administration de se faire une opinion sur les chances de réussite de l'association projetée et par conséquent de déterminer si la subvention demandée servira bien les intérêts en cause, plus particulièrement ceux de la culture mécanique. La géologie, la topographie, les caractères dominants des terres envisagées peuvent être utilement indiqués; le morcellement des territoires a également une importance qu'il est bon de faire connaître.

C'est surtout sur l'économie générale du projet qu'il faut insister, c'est-à-dire sur la façon dont l'association entend équilibrer ses dépenses et ses recettes tout au moins dans les premiers temps. (V. page 43.)

6° Enfin il faudra annexer aux pièces ci-dessus énumérées un ou deux exemplaires des statuts signés des membres du bureau du syndicat pour copie conforme.

Ces dernières signatures devront être légalisées par le maire de la localité où se trouve le siège du syndicat.

***

Le dossier ainsi constitué sera adressé au Préfet du département par les soins du président du syndicat. Dans la lettre d'envoi, il est nettement spécifié que cette transmission a pour objet l'attribution d'une subvention du Ministère de l'Agriculture.

MINISTÈRE
DE
L'AGRICULTURE.

DIRECTION
DE L'AGRICULTURE.

2ᵉ BUREAU.

RÉPUBLIQUE FRANÇAISE.

I

# ARRÊTÉ DU 7 SEPTEMBRE 1915

RELATIF

AUX SUBVENTIONS ACCORDÉES POUR L'ACHAT D'APPAREILS MOTEURS

DESTINÉS À LA CULTURE MÉCANIQUE.

LE MINISTRE DE L'AGRICULTURE,

ARRÊTE :

### ARTICLE PREMIER.

Les groupements agricoles comptant au moins sept participants (syndicats professionnels, sociétés coopératives, associations syndicales) peuvent recevoir, à titre d'expériences et de démonstrations, des subventions sur le budget du Ministère de l'Agriculture, conformément aux règles ci-après, pour l'achat d'appareils moteurs destinés à la culture mécanique.

Ces subventions pourront être exceptionnellement accordées aux communes pendant la durée de la guerre.

### ART. 2.

Les demandes de subvention seront adressées au Ministre de l'Agriculture par l'intermédiaire du préfet. Elles seront accompagnées

# II

# MODÈLE DE STATUTS

PROPOSÉS

AUX ORGANISATEURS DES SYNDICATS DE CULTURE MÉCANIQUE.

---

### I. — Constitution du Syndicat.

ARTICLE PREMIER.

Conformément aux dispositions de la loi du 21 mars 1884, il est constitué entre les agriculteurs soussignés et ceux qui adhèreront aux présents statuts, un Syndicat professionnel ayant pour but l'amélioration rationnelle des méthodes d'exploitation du sol par l'emploi des engins de culture mécanique.

ART. 2.

Le Syndicat prend le nom de *Syndicat de culture mécanique*. Son siège est établi à                               . Sa durée est illimitée.

ART. 3.

Pourront seuls faire partie du Syndicat les agriculteurs de la commune de                (*ou* des communes de                ).

ART. 4.

Le Syndicat fonctionnera à compter du jour du dépôt des statuts à la mairie de                où son siège a été fixé.

5

Conformément à l'article 4 de la loi du 21 mars 1884, les noms de ceux qui, à un titre quelconque, seront chargés de l'administration ou de la direction devront être déposés en même temps que les statuts.

## II. — Composition du Syndicat.

### ART. 5.

Le Syndicat se compose de membres donateurs et de membres ordinaires.

### ART. 6.

Pour être admis à faire partie du Syndicat, il faut être présenté par deux de ses membres. L'admission est prononcée par le Conseil prévu à l'article 11.

### ART. 7.

Tout membre du Syndicat peut se retirer à tout instant de l'association, mais sans préjudice du droit pour le Syndicat de réclamer la cotisation de l'année courante, y compris éventuellement la cotisation supplémentaire prévue à l'article 20.

### ART. 8.

L'exclusion peut être prononcée contre tout membre qui aura refusé ou omis d'acquitter ses charges, après deux lettres de rappel envoyées à        jours d'intervalle, contre celui qui aura subi une condamnation entachant son honorabilité, contre celui qui aura trompé ou cherché à tromper le Syndicat par des actes frauduleux ou par des déclarations mensongères.

L'exclusion est prononcée par le Conseil. Elle doit être ratifiée par l'Assemblée générale. Le membre exclu reste tenu de la cotisation de l'année courante, y compris éventuellement la cotisation supplémentaire prévue à l'article 20, mais il cesse immédiatement de bénéficier des avantages du syndicat.

### III. — **Objet du syndicat.**

ART. 9.

Le Syndicat est institué en vue de propager l'emploi des appareils mécaniques aux travaux agricoles.

A cet effet, il peut acquérir des appareils destinés à l'exécution d'expériences sur les terres de ses adhérents, et il facilite entre ses membres la constitution de sociétés coopératives de culture mécanique.

Tout matériel acheté par le Syndicat de culture mécanique devra être assuré contre l'incendie, de préférence à une société d'assurance mutuelle régie par la loi du 4 juillet 1900.

Les prescriptions légales relatives aux accidents du travail seront également observées par le Syndicat, qui contractera, dans ce but, une assurance auprès d'une société contrôlée par l'État.

ART. 10.

Les syndicats de culture mécanique pourront se grouper en unions conformément à l'article 5 de la loi du 21 mars 1884.

### IV. — **Administration du Syndicat.**

ART. 11.

Le Syndicat est administré par un Conseil dont les fonctions sont gratuites.

Ce Conseil comprend :

1° Un bureau composé d'un Président, d'un Vice-Président (*ou de deux*), d'un Secrétaire, d'un Trésorier;

2° Trois à six membres.

Les membres du Conseil sont élus pour trois ans par l'Assemblée générale à la majorité absolue des suffrages exprimés. Ils doivent avoir la qualité de Français et jouir de leurs droits civils. Ils sont tous rééligibles. Le conseiller démissionnaire, décédé ou exclu, pourra être provisoirement remplacé par le Conseil jusqu'à la plus prochaine assemblée générale qui doit ratifier son choix. Le conseiller ainsi nommé achève le temps de celui qu'il a remplacé; il est rééligible.

Le Conseil élit·les membres du bureau et pourvoit, dans le mois, aux vacances qui peuvent s'y produire.

### ART. 1 2.

Le Président dirige les travaux du Syndicat Il ordonne les convocations, préside les séances, tant du Bureau que du Conseil et des Assemblées générales; il a voix prépondérante en cas de partage. Il signe conjointement avec le Serétaire les procès-verbaux des séances et les lettres d'admission.

Il agit au nom du Syndicat et le représente dans tous les actes de sa vie civile.

Il exerce toutes actions judiciaires, tant en demandant qu'en défendant, en vertu d'une autorisation du Bureau et après avis du Conseil. En cas d'urgence, l'autorisation du Bureau suffit, sauf à rendre compte à la prochaine réunion en Conseil.

Il règle librement les dépenses courantes.

En cas d'absence ou 'd'empêchement du Président ou du Vice-Président, le Bureau peut déléguer leurs pouvoirs à l'un de ses membres.

### ART. 1 3.

Le Secrétaire est dépositaire des registres, états et de tous papiers concernant l'administration du syndicat. Il tient la correspondance et peut la signer par délégation du Président; il rédige les procès-verbaux des séances.

### ART. 14.

Le trésorier est dépositaire des fonds du Syndicat; il recouvre les cotisations, le prix des travaux effectués à l'aide du matériel syndical, et toutes les sommes dues à l'Association; il solde les dépenses sur le visa du Président; il tient, au fur et à mesure des encaissements et des payements, une comptabilité régulière des recettes et des dépenses; il soumet l'état des recettes et dépenses à la vérification du bureau; il dresse, à la fin de chaque année, le compte de l'exercice annuel destiné à l'Assemblée générale.

### ART. 15.

Le Conseil se réunit toutes les fois que le Président le juge nécessaire et au moins trois fois par an.

Il a les pouvoirs les plus étendus pour la gestion des affaires du Syndicat. Il décide notamment l'achat des appareils reconnus nécessaires et la vente des matériels usagés.

Il élabore le règlement intérieur et notamment détermine les prix de base sur lesquels seront établis les tarifs d'utilisation de ces appareils. Ces prix de base comprendront obligatoirement une surcharge fixe de 5 p. 100 au moins, de 10 p. 100 au plus, qui sera destinée à constituer un fonds d'amortissement pour le remplacement du matériel usagé ou réformé.

Le Conseil statue sur la conclusion et les conditions des emprunts à contracter avec un particulier ou une caisse locale de crédit agricole. Toutefois, lorsqu'il s'agira d'emprunts, dépassant une somme de             francs, il devra consulter l'Assemblée générale.

Il délibère valablement si            membres sont présents.

### ART. 16.

Les membres du Conseil ne contractent, en raison de leur gestion, aucune obligation personnelle ou solidaire envers les syndiqués, les fournisseurs ou les tiers ; ils ne répondent que de l'exécution de leur mandat.

ART. 17.

Le Syndicat tiendra au moins une assemblée générale par an.

C'est dans cette Assemblée ordinaire que seront approuvés les comptes de l'exercice, voté le budget et que se feront les élections ; l'approbation des comptes servira de décharge au trésorier.

Une Assemblée générale pourra être convoquée extraordinairement toutes les fois que le conseil le jugera nécessaire.

Pour toute Assemblée générale, les convocations doivent être faites jours au moins avant la réunion et indiquer les questions à l'ordre du jour. Toute question proposée doit être formulée par écrit et remise au président. Le président peut refuser de mettre en délibération toute question qui n'est pas à l'ordre du jour.

Les décisions sont prises à la majorité, quelque soit le nombre des membres présents. Ne sont admis au vote que les syndiqués ayant payé leur cotisation.

V. — Budget du Syndicat.

ART. 18.

Les recettes du syndicat de culture mécanique sont les suivantes :

I. — Recettes ordinaires.

1° Produit des cotisations ;

2° Subventions de l'État, du département, de la commune ;

3° Produit des travaux exécutés par les adhérents ;

4° Intérêts des fonds disponibles ;

5° Produits divers.

## II. — *Recettes extraordinaires.*

1° Dons et legs;
2° Capitaux empruntés;
3° Produit de la vente des matériels réformés;
4° Indemnités d'assurances en cas de sinistre.

### ART. 19.

Les dépenses sont les suivantes :

## I. — *Dépenses ordinaires.*

1° Frais d'entretien du matériel syndical;
2° Location des bâtiments utilisés comme remises ou ateliers;
3° Intérêt des sommes empruntées;
4° Primes diverses;
5° Réserve pour amortissement du matériel syndical;
6° Primes d'assurances mutuelles et autres;
7° Dépenses administratives.

## II. — *Dépenses extraordinaires.*

1° Prix d'achat des appareils nouveaux;
2° Remboursement des emprunts.

### ART. 20.

La cotisation annuelle est fixée à      francs.

Dans le cas où le compte annuel ferait ressortir un excédent de dépenses, cet excédent sera couvert soit par une cotisation supplémentaire exceptionnelle (1), soit par un prélèvement sur les fonds de ré-

---

(1) Cette cotisation peut être égale pour tous les membres du syndicat ou fixée proportionnellement au nombre d'hectares cultivés pour le compte de chaque associé, ou encore établie en prenant comme base le nombre de chevaux-heures utilisés par chaque adhérent.

serve, soit par un prélèvement du prix des travaux effectués au moyen du matériel syndical.

La cotisation supplémentaire exceptionnelle est fixée par le Conseil. Elle ne peut dépasser annuellement la somme de        francs.

Le montant des cotisations supplémentaires pourra être remboursé en tout ou partie sur les disponibilités des exercices suivants. Moitié de ces disponibilités devra être affectée à ces remboursements, le surplus étant versé au fonds de réserve.

Le remboursement aura lieu sans intérêt.

## VI. — **Modification des statuts et dissolution.**

### ART. 21.

Les statuts ne pourront être modifiés que par une Assemblée générale extraordinaire réunissant au moins la moitié des syndiqués.

### ART. 22.

La dissolution ne pourra être prononcée que par l'Assemblée générale et à la majorité des deux tiers des membres faisant partie de l'association ; le conseil sera chargé de la liquidation. L'actif net sera appliqué à une œuvre agricole et de préférence à une œuvre intéressant le développement de la culture mécanique.

# III

## PRINCIPES GÉNÉRAUX D'ORGANISATION

### POUVANT SERVIR À L'ÉLABORATION D'UN RÈGLEMENT INTÉRIEUR
#### POUR LES SYNDICATS DE CULTURE MÉCANIQUE.

(Arrêté du 3 avril 1916, art. 2, § 2.)

---

### SYNDICAT DE CULTURE MÉCANIQUE DE

DÉPARTEMENT D

---

### I. — Matériel syndical.

**1.** Le matériel de culture mécanique mis à la disposition des membres du Syndicat de          se compose de (1) :

Le prix de ce matériel s'élève à (2)

La somme de          francs ci-dessus indiquée sera réglée ainsi qu'il suit :

1° Par une souscription personnelle de chaque syndiqué (3), dont le montant fixé par l'assemblée générale sera de (4)

---

(1) Énumérer ici les divers appareils achetés par le Syndicat tels qu'ils sont décrits aux factures.

(2) Y compris les frais de transport, de montage, de mise au point, les accessoires indispensables, les pièces de rechange s'il y a lieu, en un mot tout ce qui sera nécessaire au fonctionnement normal de l'œuvre collective.

(3) Égale pour tous, quelle que soit l'étendue à exploiter mécaniquement.

(4) On pourrait admettre un minimum de 25 francs, comme pour faire partie d'une caisse de crédit agricole, mais il ne faut pas descendre au-dessous de ce chiffre. Le maximum ne saurait être fixé : il dépend des circonstances et du mode de libération adopté par le Syndicat.

2° Par (1)

**2.** Le montant des souscriptions individuelles prévues au paragraphe 1ᵉʳ sera versé effectivement entre les mains du trésorier au moment de l'inscription de chaque membre à l'association; il ne saurait, pour aucun motif, en être demandé répétition ni décharge.

**3.** Par le versement de leur souscription, les syndiqués acquièrent un droit équivalent pour l'usage du matériel syndical. Les limites de ce droit sont fixées par le présent règlement.

**4.** Les membres admis dans l'association postérieurement à l'achat et au payement intégral du matériel syndical devront verser un droit d'entrée dont le montant sera fixé chaque année par l'assemblée générale, en tenant compte de la valeur du matériel d'après l'estimation portée au dernier bilan. Ce droit ne pourra être inférieur à          francs (2) et sera obligatoirement affecté au fonds de réserve du Syndicat.

**5.** Les droits acquis ainsi que les obligations contractées par un syndiqué seront transférés en cas de décès à son successeur dans l'exploitation considérée, à moins que ce dernier n'y renonce expres-

---

(1) Par un don, un emprunt, une avance avec ou sans intérêt faits par M.      (désigner la personne ou l'organisme avec lesquels le Syndicat a traité, les conditions générales du prêt, durée, intérêt, privilèges spéciaux consentis aux prêteurs, remboursement, etc.). S'il s'agit d'un autre mode de libération résultant d'arrangements particuliers, indiquer sommairement ce qui a été convenu entre les syndiqués. On ne saurait donner que des indications générales car ces conditions varieront suivant que les groupements seront constitués par des propriétaires, des fermiers ou des métayers.

(2) Le droit d'entrée pourra être égal ou inférieur, suivant les cas, à la souscription des membres adhérents de la première heure. Il ne serait pas opportun de descendre au-dessous de 25 francs pour les raisons indiquées ci-dessus (note 3, p. 23).

sément. En cas de changement dans la direction d'une exploitation
pour fin de bail, résiliation, ou pour toute autre cause, le nouvel
exploitant pourra, s'il le désire, prendre la place de l'ancien dans le
Syndicat, en payant le droit d'entrée prévu au paragraphe 4 ci-dessus.
Il en sera de même du nouveau propriétaire, fermier ou métayer
installé dans l'exploitation à la suite de vente, licitation, liquidation
judiciaire ou autre motif. En cas de transfert du siège de l'exploitation,
le syndiqué conservera son droit à l'usage du matériel syndical à la
condition qu'il ne s'ensuive une extension du rayon d'action du Syndicat préjudiciable à la bonne marche de l'entreprise.

## II. — Amortissement du capital engagé.
## Constitution des réserves.

**6.** La somme de ______ francs, visée au paragraphe 1er,
sera amortie en (1) ______ années; la fraction du capital à amortir
chaque année sera de (2) ______ .

**7.** Les dépenses résultant de cet amortissement et celles qui ont
pour objet le service des intérêts du capital engagé (emprunts,
prêts, etc.), seront inscrites obligatoirement aux frais généraux d'exploitation dont elles constitueront un élément fixe (3).

---

(1) La durée de l'amortissement ne devra pas être trop longue. Il ne serait pas
prudent, en l'état actuel des choses, de dépasser quatre années, cinq au plus, à cause
des perfectionnements incessants apportés à la construction des appareils et de l'usure
rapide des organes essentiels de ces machines.

(2) On pourra indiquer ici le mode d'amortissement adopté par l'Assemblée générale,
par exemple un tiers du prix d'achat les deux premières années, ensuite le sixième pour
les deux années suivantes. Ce mode d'amortissement peut être modifié suivant les circonstances.

L'intérêt des sommes à amortir doit être compté à part.

(3) L'amortissement ainsi organisé permettra le remboursement des emprunts ou
charges du syndicat, afférents au payement du matériel (Voir paragraphe 1er, p. 23.) La
différence, s'il y a lieu, passera au compte profits et pertes.

**8.** Le remplacement du matériel de culture mécanique, les grosses réparations, l'achat de tous instruments spéciaux autres que l'appareil moteur proprement dit, les dépenses extraordinaires faites par le Syndicat avec approbation de l'assemblée générale seront effectuées au moyen d'un fonds de réserve établi ainsi qu'il suit :

1° Par un prélèvement de 5 p. 100 sur le chiffre des redevances perçues par le Syndicat pour les travaux effectués au compte de ses adhérents ;

2° S'il y a lieu, par un prélèvement égal à la moitié des ristournes attribuées à la fin de chaque exercice aux membres de l'association ;

3° Par les subventions allouées au Syndicat, par l'État, le département ou les communes ;

4° Par les dons ou legs sans destination spéciale ;

5° Par l'intérêt de ces diverses sommes.

L'ensemble des capitaux ainsi constitués ne pourra dépasser (1)           francs. Dès que ce quantum sera atteint, la majoration visée au paragraphe 9 (alinéa 1°) cessera de plein droit.

**10.** Si en des circonstances exceptionnelles, ce fonds de réserve était insuffisant pour le payement des dépenses indispensables, le prélèvement de 5 p. 100 prévu ci-dessus serait augmenté par décision spéciale de l'assemblée générale, mais en tout état de cause, il ne saurait dépasser 10 p. 100. Au-dessus de ce chiffre, le Syndicat sera tenu de pourvoir à ses dépenses extraordinaires au moyen d'un emprunt ou par tout autre procédé (2).

---

(1) Généralement il faut compter sur 15 ou 20 p. 100 du capital d'exploitation, c'est-à-dire du prix du matériel tout entier.

(2) Autant que possible le syndicat évitera de se constituer des réserves supérieures à ses besoins réels. Il semble que dans la majorité des cas, l'on ne devra pas dépasser 10,000 francs.

### III. — **Fonds de roulement.**

**11.** Le fonds de roulement est fixé à                    francs. Il sera constitué par un ou plusieurs syndiqués, ou par tous les membres de l'association, suivant les règles générales établies au paragraphe 1$^{er}$ pour le capital d'exploitation. Il produira intérêt à 5 p. o/o l'an.

**12.** Le Syndicat aura la faculté de rembourser les avances faites à ce titre, dès que la somme prévue plus haut pour le fonds de réserve sera atteinte. Ce remboursement effectué, le Syndicat ne pourra affecter à son fonds de roulement une somme supérieure à celle qui est indiquée au paragraphe 11, à moins qu'il n'en soit décidé autrement par l'assemblée générale.

### IV. — **Organisation du travail et utilisation de l'appareil.**

**13.** Les travaux agricoles effectués normalement à l'aide du matériel syndical seront rangés dans l'ordre suivant d'importance :

Labours d'automne et de printemps ;

Déchaumages et travaux de surface ;

Moisson et battage des céréales ;

Coupe et récolte des fourrages ;

Transport de produits agricoles à des distances inférieures à        kilomètres ;

Mise en marche d'appareils divers à l'intérieur de la ferme.

Les autres travanx, tels que défoncements, assainissements, débardage et sciage de bois, etc., ne pourront être entrepris qu'avec l'autorisation du Président du syndicat.

Lorsque par suite de mauvais temps ou pour tout autre cause, des travaux commencés ne seraient pas terminés en temps utile sans nuire à la bonne exécution de travaux plus importants, le Président du syndicat, après consultation du bureau, pourra en ordonner l'arrêt sans que le ou les syndiqués lésés puissent élever aucune réclamation.

**14.** Pendant l'exécution des travaux, le matériel syndical est placé exclusivement sous la surveillance et la responsabilité du mécanicien chef d'équipe du traiteur. C'est lui qui répond des ordres donnés par le Président du syndicat, discute avec les intéressés l'exécution des travaux, leur enjoint d'enlever les roches, pierres ou souches susceptibles de détériorer les outils travaillants ; il est responsable des dommages qui pourraient survenir lorsque les travaux ordonnés dépassent la limite de résistance des appareils ou présentent des difficultés insurmontables.

**15.** Le syndiqué chez qui le matériel de culture mécanique est utilisé doit fournir un ou plusieurs auxiliaires suivant les nécessités du travail ; il assure l'accès du matériel sur les parcelles à travailler, fait transporter à pied d'œuvre le combustible nécessaire à l'appareil, loge et nourrit le mécanicien et son aide pendant le travail, y compris la journée de repos hebdomadaire et en cas d'accident à l'appareil, pendant la journée où cet accident s'est produit. Il peut, s'il le désire, être exonéré de cette dernière obligation au moyen d'une indemnité spéciale indépendante du salaire.

**16.** En cas de mauvais temps, ou lorsque le matériel syndical n'est pas en état de fonctionner, le syndiqué employeur pourra utiliser le mécanicien et son aide à des réfections ou à des réparations dans son exploitation. Le Syndicat percevra dans ce cas, une somme de francs par jour (1).

**17.** Au commencement du travail chez chaque syndiqué, le mécanicien constate au moyen d'une jauge la quantité d'essence contenue dans le réservoir de l'appareil de culture mécanique. Semblable constatation est faite au départ.

**18.** Les frais de transport du matériel d'un endroit à un autre, situé en dehors de l'exploitation du même syndiqué, sont à la charge du syndicat ainsi que les accidents qui pourraient survenir audit appareil, pendant ce transport.

**19.** Lorsque le matériel syndical ne comporte pas les instruments nécessaires à l'exécution d'un travail déterminé, le syndiqué pourra faire emploi de son matériel personnel. Dans ce cas, il ne saurait réclamer aucune indemnité pour les dommages subis par ces instruments.

**20.** Il sera établi au commencement de chaque semestre, par les soins du bureau, et pour les principaux travaux de l'année, un tableau de tournée indiquant l'ordre des déplacements à faire subir à l'appareil sur l'ensemble des pièces de terre à travailler dans les diverses exploitations (2).

Ce tableau de marche une fois établi, d'après les déclarations faites en temps utile par les syndiqués, sera la loi des parties et ne pourra être modifié que par une nouvelle délibération du bureau, ou pour des raisons majeures. Le point de départ de la tournée sera tiré au sort au printemps et à l'automne. Les travaux se continueront ensuite

---

(1) Évaluée d'après les salaires habituels des ouvriers dans la région.

(2) S'inspirer pour cela de la topographie du terrain, de la nature du sol, de la superficie des parcelles, de la facilité plus ou moins grande des accès, etc.

dans l'ordre du tableau en effectuant autant de tournées qu'il sera nécessaire. Les labours de printemps, ceux d'automne et les déchaumages seront obligatoirement effectués dans l'ordre du tableau de tournée. Les travaux moins importants ou ceux qui n'intéressent pas l'ensemble des syndiqués feront l'objet de conventions directes entre les intéressés et le président du Syndicat.

**21.** En cas d'urgence, le matériel de culture mécanique ne pourra être à la disposition du même syndiqué que pendant *trois jours consécutifs*, au plus, mais cette période peut être prolongée par un accord spécial entre les parties si cette prolongation ne change pas l'ordre du tableau.

**22.** Toute journée qui, par suite de mauvais temps ou d'un arrêt quelconque des appareils, ne comprendrait pas au moins cinq heures de travail effectif ne sera pas comptée comme journée d'utilisation (§ 21).

**23.** Lorsque le travail d'un sociétaire est terminé avant qu'il ait épuisé son droit d'utilisation de l'appareil, le matériel est acheminé d'office chez le syndiqué suivant dans l'ordre du tableau, à moins que pour des raisons spéciales, le Président du Syndicat n'en juge autrement.

**24.** Les retards causés par le mauvais temps ou par quelque avarie grave de l'appareil ne peuvent en aucun cas justifier une demande d'indemnité de la part du syndiqué.

**25.** Le labour des fourrières n'est pas exigible en principe. Il sera cependant effectué chaque fois que les circonstances le permettent.

**26.** Le matériel remisé peut être sorti à la demande d'un membre quelconque du Syndicat et aux conditions habituelles. Les demandes de ce genre seront adressées au Directeur.

**27.** Chaque syndiqué aura le droit de réclamer une modification au tableau de tournée prévu au paragraphe 20 ci-dessus. Il fera valoir ses raisons auprès du Bureau, et, en cas de partage des voix, le Président du Syndicat décidera s'il y a lieu d'admettre ou de rejeter le changement proposé.

## V. — Établissement des comptes.

**28.** Les employeurs sont tenus de fournir le combustible qui est expressément à leur charge, mais qui pourra leur être procuré par les soins du Syndicat au prix coûtant. Le Syndicat, de son côté, doit maintenir son matériel en bon état et assurer au mécanicien l'huile et les chiffons qui lui sont nécessaires.

**29.** Les limites des parcelles à travailler seront nettement indiquées au mécanicien. Celui-ci commencera son travail comme il l'entendra en observant les règles générales en usage dans la région. Le mécanicien n'est pas tenu de travailler avec l'appareil à moins de dix mètres des meules, sauf à la demande expresse du syndiqué qui, dans ce cas, assume tous les risques.

**30.** La profondeur des labours sera limitée par la nature du sol et la puissance des appareils. Il ne saurait donc être demandé d'indemnité au Syndicat pour un travail commencé, mais qui, pour ces raisons, n'atteindrait pas la profondeur voulue.

**31.** Le mécanicien recevra chaque jour, par les soins du Président du Syndicat, une feuille d'attachement sur laquelle il inscrira :

Le nom du syndiqué pour le compte duquel on travaille ;

La nature du travail effectué ;

La quantité d'essence, benzol, pétrole ou autre combustible contenue dans le réservoir à l'arrivée et au départ ;

L'heure à laquelle le travail a commencé ;

Les instruments employés au cours de la journée.

Les arrêts de plus de dix minutes et de moins d'une heure, ainsi que les réparations succinctes faites au cours du travail, seront mentionnés sur cette feuille, qui sera signée à la fin de la journée par l'employeur et le mécanicien, puis remise au trésorier.

**32.** En cas d'accident nécessitant l'immobilisation de l'appareil pendant plusieurs jours, le syndiqué chez lequel l'accident est survenu, devra pourvoir au logement du matériel avarié ou fournir les attelages pour le reconduire dans le local habituel. Le temps passé par le mécanicien et son aide, pour la pose des cornières ou autres dispositifs d'adhérence ne sera compté comme travail effectif que si le changement est exigé par la nature du travail demandé par l'employeur. Dans tous les autres cas, cette opération est faite au compte du Syndicat.

**33.** L'entretien et les réparations du matériel syndical sont entièrement à la charge de l'association. Il en est de même de la fourniture des pièces de rechange, et l'employeur chez qui le changement s'impose sera tenu de transporter gratuitement lesdites pièces de chez lui à la gare la plus proche et inversement.

## VI. — **Règlement des travaux.**

**34.** Les comptes des travaux effectués pour chaque syndiqué seront arrêtés par le trésorier du Syndicat le 15 de chaque mois. Ils devront être réglés à son domicile à des dates qu'il fera connaître aux intéressés.

**35.** En cas de contestation au sujet des feuilles d'attachement servant à l'établissement des comptes ou du prix du travail, les intéressés devront faire parvenir leur réclamation au Président du Syndicat qui servira d'arbitre et dont la décision engagera les parties.

**36.** Tous les travaux seront réglés d'après leur durée, conformément aux règles qui ont été établies aux paragraphes précédents. Les repos horaires du personnel, ainsi que les arrêts n'excédant pas dix minutes seront comptés dans la durée du travail. Le prix de l'heure est fixé à        fr.       , y compris le prélèvement de 5 p. 100 prévu au paragraphe 9, 1° (1).

**37.** Tous les ans, le bureau procédera à une revision du prix de base, d'après l'ensemble des affaires de l'association. S'il y a un trop

---

(1) Le prix de l'heure de travail comprendra l'amortissement du matériel, l'intérêt des capitaux engagés, l'entretien, les réparations, les assurances de toute nature, l'huile, la graisse, les chiffons, les salaires du mécanicien et de son aide, la location des remises et les frais généraux de l'association. Il sera calculé d'avance, en supposant l'appareil en travail pendant 1,800 heures chaque année, chiffre normal. Les frais variables à la charge de l'agriculteur comprendront les combustibles (environ un demi-litre d'essence par cheval et par heure), les salaires des auxiliaires, la nourriture du personnel et dans certains cas les sommes indiquées au paragraphe 16, les frais éventuels de transport des pièces et du matériel. Chaque syndiqué pourra, d'après ces indications, établir un prix de revient approché des travaux qu'il voudra demander au Syndicat *.

* L'établissement du prix du travail en prenant l'heure comme unité est le mode de règlement qui se prête le moins aux contestations. Mais il peut se faire que certains syndicats désirent une autre unité et donnent la préférence à la surface ou au cheval-heure. Le travail à l'hectare nécessitera l'adjonction au présent règlement de dispositions spéciales relatives aux profondeurs, aux méthodes d'appréciation des surfaces, c'est-à-dire à l'arpentage et au calcul des moyennes, aux détourages, aux endroits non labourés par suite de leur trop faible largeur, aux diverses façons superficielles, etc. Il faudra également prévoir les arrêts obligatoires en cours de travail soit pour assurer le repos du personnel, le ravitaillement en combustible, les réparations, les accidents, etc., de façon que dans le prix fixé, ces divers éléments interviennent.

Le prix du cheval-heure est d'un établissement plus difficile encore à cause des variations considérables de la puissance de l'appareil suivant le travail qui lui est demandé, les résistances qui lui sont opposées, etc.

Pour ces différentes raisons, il paraît préférable d'adopter l'unité du travail horaire ainsi qu'il est dit au paragraphe 36.

perçu, quel qu'en soit le motif (1), les sommes restant à l'avoir du Syndicat après que le service du fonds de réserve aura été assuré, seront retournées aux syndiqués proportionnellement au temps d'utilisation de l'appareil établi par les comptes du trésorier. Le déficit, s'il a lieu, sera compensé au moyen des contributions spéciales établies dans les mêmes conditions que ci-dessus.

**38.** Le remplacement ou la mise en réforme de l'appareil moteur subventionné ne pourront avoir lieu que par décision du bureau, approuvée par l'assemblée générale et après avis du Ministère de l'Agriculture.

## VII. — Dispositions diverses.

**39.** Le Président du Syndicat dirige l'administration du Syndicat et règle tous différends qui ne résulteraient pas d'une faute d'exécution dans le travail. Il a toute autorité pour assurer la bonne marche de l'exploitation collective. Il centralise toutes les demandes relatives aux travaux, en ordonne l'exécution, recrute le personnel de service et le congédie s'il y a lieu, discute des salaires et des indemnités, en un mot a sous sa direction l'ensemble des services syndicaux (2).

---

(1) Élévation du prix de base ou augmentation du nombre des heures de travail.

(2) Il n'a pas été fait allusion au cours de ce projet aux conventions spéciales qui pourraient intervenir entre le Syndicat et le mécanicien, chef d'équipe du tracteur. C'est néanmoins un des côtés de la question qui doivent être le plus soigneusement examinés. Le mécanicien sera, en effet, par la nature même de ses fonctions, la cheville ouvrière du syndicat. On ne devra pas hésiter par suite à l'intéresser à la bonne marche des travaux en lui attribuant, comme cela se fait dans l'industrie, une prime spéciale indépendante du salaire. Cette prime pourra, suivant les circonstances, être calculée d'après le travail supplémentaire produit au delà d'un chiffre déterminé, ou bien suivant les économies réalisées dans la consommation du combustible, ou enfin établie en le considérant comme le fondé de pouvoirs du Syndicat, ayant droit à un pourcentage déterminé.

**40.** Le matériel sera remisé chez M                                     (ou
à                              ). Le directeur veillera à ce qu'il soit toujours
prêt à fonctionner. Le temps passé par le mécanicien à l'entretien, au
graissage ou aux réparations sera porté à un compte spécial et figurera
aux frais généraux.

**41.** Le présent réglement sera revisé au moins une fois l'an ou plus
souvent si cela est reconnu nécessaire.

Il sera affiché dans le local servant de remise aux appareils, au siège
du Syndicat, et remis en double exemplaire à chacun des syndiqués.
Le mécanicien chargé de la conduite des appareils en sera toujours
porteur.

Fait à                              , le

*Ont signé :*

# BULLETIN D'ADHÉSION.

---

SYNDICAT DE CULTURE MÉCANIQUE D

(En formation.)

---

## BULLETIN D'ADHÉSION.

Le soussigné déclare adhérer au Syndicat de culture mécanique d
en qualité de membre (1)

NOM :

PRÉNOM USUEL :

QUALITÉS :

ADRESSE :

BUREAU DE POSTE :

A , le 19 .

(1) Donateur ou ordinaire.

Signature :

N. B. — Envoyer ce bulletin à M.                    , promoteur.

Syndicat de culture mécanique d

---

# PROCÈS-VERBAL

## DE L'ASSEMBLÉE GÉNÉRALE CONSTITUTIVE.

---

L'an          le                    à          heure du
les agriculteurs ci-après désignés.


se sont réunis à                              en vue de former un syndicat
de culture mécanique régi par la loi du 21 mars 1884.

Étaient présents :

MM.                              cultivateur


L'Assemblée, après s'être constituée, choisit son bureau. Sont élus :

M.                    *Président;*

M.                    *Secrétaire;*

MM.                   *Assesseurs,*

qui acceptent.

*T. S. V. P.*

Le Président expose à l'Assemblée le but de la réunion et soumet ensuite à l'approbation des assistants un projet de statuts.

Après (1) discussion, les statuts sont adoptés.

Il est procédé au vote pour l'élection du conseil chargé de l'administration du Syndicat, conformément à l'article 11 des statuts.

A la suite de                    épreuve                , sont élus membres du conseil : MM.

L'ordre du jour étant épuisé, le Président annonce que le conseil va se réunir pour élaborer le règlement intérieur, nommer son bureau et prendre les dernières dispositions en vue de l'ouverture des opérations du syndicat.

La séance est levée à                heures                .

*Le Président,*

*Le Secrétaire,*                                        *Les Scrutateurs,*

(1) Ou Sans.

Syndicat de culture mécanique d

# PROCÈS-VERBAL

## DE LA PREMIÈRE RÉUNION DU CONSEIL (1).

L'an          le                              à            heures du
les membres du conseil du Syndicat de culture mécanique de
élus par l'Assemblée constitutive du
se sont réunis à

Est élu Président provisoire, M.

Secrétaire provisoire, M.

qui acceptent.

Le Président expose à l'Assemblée le but de la réunion. Il fait procéder au vote pour la nomination du bureau définitif du syndicat.

Sont élus :

M.                                        *Président.*
M.                                        *Vice-Président.*
M.                                        *Secrétaire.*
M.                                        *Trésorier.*

La liste des membres du conseil sera jointe aux statuts et déposée à la mairie contre récépissé.

Le Conseil procède ensuite à l'élaboration du règlement intérieur, qui est adopté.

La séance est levée à          heures          .

*Le Président,*                                        *Le Secrétaire,*

(1) Nota. — Ce procès-verbal doit accompagner le dépôt à la mairie des deux exemplaires des statuts

DÉPARTEMENT

d

ARRONDISSEMENT

d

COMMUNE

d

RÉPUBLIQUE FRANÇAISE.

## ACCUSÉ DE RÉCEPTION DES STATUTS

DU SYNDICAT DE CULTURE MÉCANIQUE D

Le maire de la commune d

certifie que M.                          agriculteur à

a déposé ce jour, à la mairie, deux exemplaires des statuts adoptés par l'Assemblée générale constitutive du Syndicat de culture mécanique d

A ces deux exemplaires des statuts était annexée, conformément à l'article 4 de la loi du 21 mars 1884, la liste des membres du conseil.

Délivré à M.                          la présente attestation.

A                          , le                          19     .

*Le Maire,*

(Cachet de la mairie.)

Syndicat de culture mécanique d

# NOTE

*exigée par le paragraphe 3 (art. 2) de l'arrêté du 7 septembre 1915.*

1. Nombre de membres.............................|

2. Étendue à cultiver mécaniquement pour l'ensemble des adhérents.................................     hectares.

3. Étendue à cultiver en labours d'automne seulement...     hectares.

4. Nombre de parcelles constituant le champ d'action du syndicat.................................

5. Moyenne de la superficie desdites parcelles (minimum). (maximum).

6. Circonscription du Syndicat.....................     hectares.
   (Communes de        ).

7. Montant total des participations réalisées au jour de l'acquisition du matériel......................

8. Montant du ou des emprunts à effectuer pour achat dudit matériel............................

9. Le fonds de roulement existe-t-il en dehors de la subvention attendue?........................

10. Comment se répartissent les dépenses fixes entre les membres de l'association?...................

Certifié sincère par les membres du bureau soussignés.

A              , le              19 .

*Le Président,*                             *Le Secrétaire,*

# RAPPORT

## ANNEXÉ À LA DEMANDE DE SUBVENTION

FORMULÉE PAR

LE SYNDICAT DE CULTURE MÉCANIQUE D

———

a. *Formation géologique principale et formations secondaires.*

b. *Nature du terrain.*

c. *Topographie générale de la région.*

d. *Voies de communication et distance de l'agglomération aux différents centres de travail.*

e. *Cultures ordinaires de la région.*

*f. Bilan prévisionnel.*

I. Dépenses fixes. — Amortissement en        années.
Entretien de l'appareil et des outils travaillants.........
Personnel (mécaniciens et aides)

Assurances. { Incendie.....
Accidents.....
Personnel.....

Impositions................
Intérêt des sommes engagées..
Garage et frais généraux......

II. Dépenses variables. — Combustible (essence, benzol ou pétrole)...............
Huile (1/10 de l'essence environ)
Chiffons et graisse...........

Total..............

| | Heures. | Hectares. | Sommes. |
|---|---|---|---|
| III. Recettes ordinaires. — Labours profonds...... | | | |
| Labours ordinaires..... | | | |
| Labours de surface..... | | | |
| Pseudo-labours........ | | | |
| Travaux divers........ | | | |

Majoration de 5 p. 100 (art. 15 des statuts).
Subventions diverses.................
Intérêts du capital de roulement.........
Produits divers......................

Total.............

IV. Balance.................................

V. Observations :